# 动物权益的推动者
# 坦普尔·葛兰汀

[英]露比·卡多纳 | 著
[英]伊莎贝尔·伦迪 | 绘图
肖开容　黄钰好 | 译

西南大学出版社
国家一级出版社　全国百佳图书出版单位

The Salariya Book Company Limited 2019

The simplified Chinese translation rights arranged through Rightol Media

（本书中文简体版权经由锐拓传媒旗下小锐取得 E-mail:copyright@rightol.com）

版贸核渝字（2021）第 016 号

**图书在版编目（CIP）数据**

动物权益的推动者——坦普尔·葛兰汀 /（英）露比·卡多纳著；（英）伊莎贝尔·伦迪绘图；肖开容，黄钰好译 . -- 重庆：西南大学出版社，2022.1
（"杰出女科学家"系列）
ISBN 978-7-5697-0880-6

Ⅰ. ①动⋯ Ⅱ. ①露⋯ ②伊⋯ ③肖⋯ ④黄⋯ Ⅲ. ①坦普尔·葛兰汀—生平事迹 Ⅳ. ① K837.126.15

中国版本图书馆 CIP 数据核字（2021）第 089955 号

"杰出女科学家"系列
**动物权益的推动者——坦普尔·葛兰汀**
DONGWU QUANYI DE TUIDONGZHE — TANPU'ER GELANTING

[英]露比·卡多纳 著　　[英]伊莎贝尔·伦迪 绘图　　肖开容 黄钰好 译

| 项目策划： | 伯古娟 |
|---|---|
| 责任编辑： | 张　昊 |
| 责任校对： | 李　君 |
| 装帧设计： | 观止堂_未　氓 |
| 出版发行： | 西南大学出版社（原西南师范大学出版社） |
| 地　址： | 重庆市北碚区 |
| 印　刷： | 重庆康豪彩印有限公司 |
| 幅面尺寸： | 212mm×240mm |
| 印　张： | 2 |
| 印　数： | 1—5000册 |
| 版　次： | 2022年1月第1版 |
| 印　次： | 2022年1月第1次 |
| 书　号： | ISBN 978-7-5697-0880-6 |
| 定　价： | 38.00元 |

# 目录

坦普尔·葛兰汀

- 一生中的重要地方
- 1 前言
- 2 来自波士顿的女孩
- 4 与众不同的小孩
- 6 究竟什么是自闭症呢？
- 8 学校生活
- 10 坦普尔的拥抱机
- 12 大学经历
- 14 进入肉类行业
- 16 "动物不是没有生命的东西"
- 18 提升动物的生活质量
- 20 享誉全球
- 22 分享她的故事
- 24 人生时间轴

# 一生中的重要地方

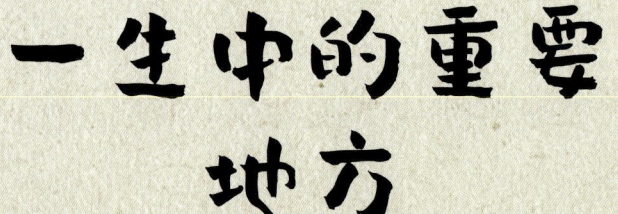

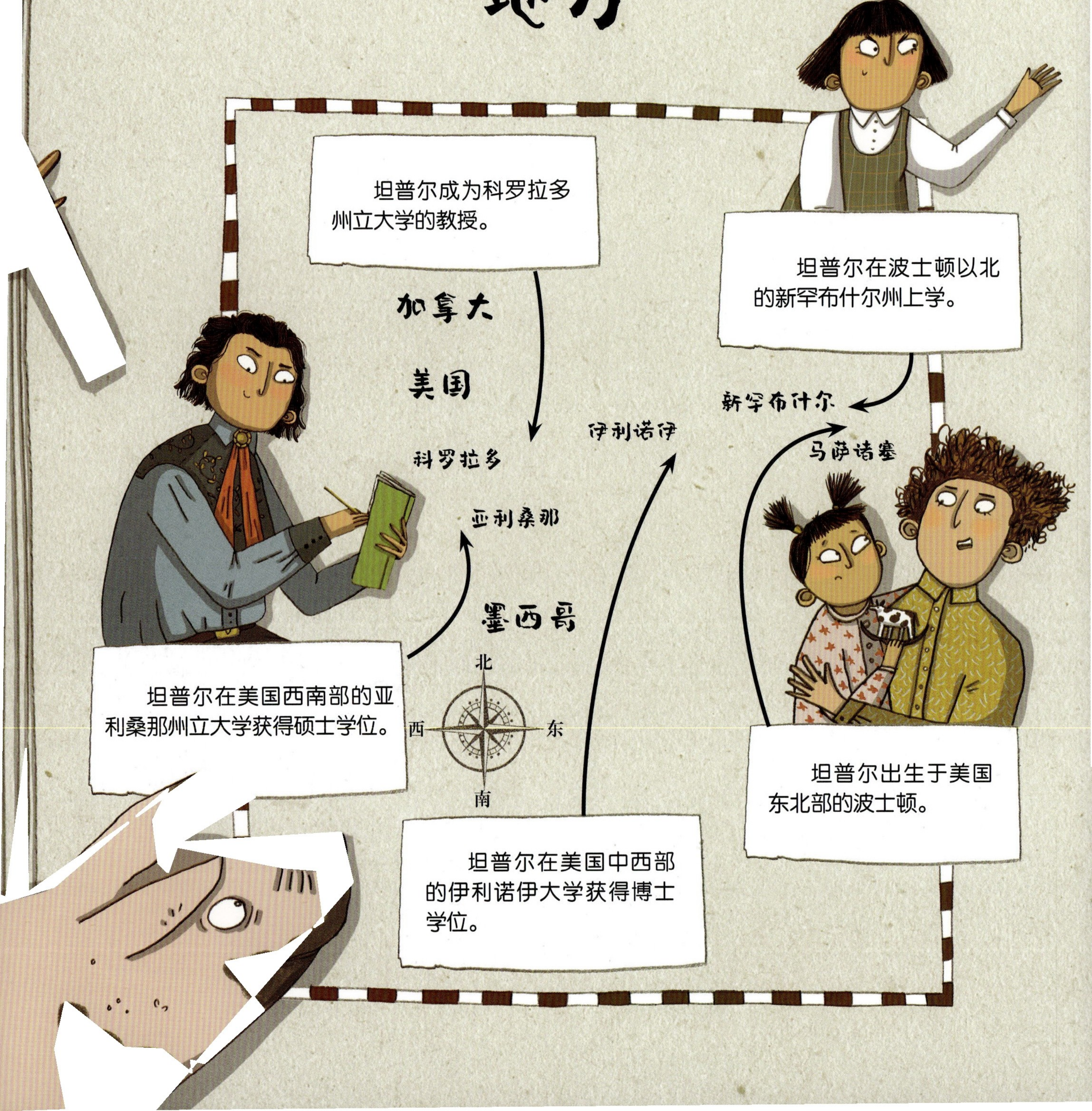

坦普尔成为科罗拉多州立大学的教授。

坦普尔在波士顿以北的新罕布什尔州上学。

加拿大

美国

科罗拉多

伊利诺伊

新罕布什尔

亚利桑那

马萨诸塞

墨西哥

北 西 东 南

坦普尔在美国西南部的亚利桑那州立大学获得硕士学位。

坦普尔出生于美国东北部的波士顿。

坦普尔在美国中西部的伊利诺伊大学获得博士学位。

# 前言

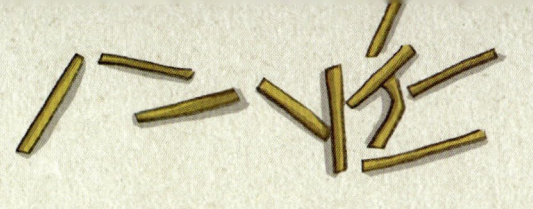

**历**史上，许多女性参与了科学技术的发展，坦普尔·葛兰汀就是其中的一员。

坦普尔在农业技术方面的发明，改变了北美甚至全世界饲养牲畜的方式。在这些发明出现以前，动物们并没有得到很好的照顾，往往遭受了很多痛苦而死去。正是坦普尔的贡献，让动物们的生活比以前幸福了不少。

坦普尔是一名自闭症患者，为了引起人们对自闭症的关注，她付出了很多努力。她小时候，没有人知道自闭症是怎么回事儿。多亏很多像坦普尔这样的人所做的努力，如今，越来越多的人开始了解自闭症及其对人的影响。

在这本书里，我们来讲一讲坦普尔的故事。

# 来自波士顿的女孩

玛丽·坦普尔·葛兰汀于1947年8月29日出生于马萨诸塞州波士顿的一个大家庭。家里有四个孩子,她排行老大,还有两个妹妹和一个弟弟。虽然她出生时的名字叫玛丽,但为了不和家里的一个名叫玛丽的人混淆,从小大家都叫她坦普尔。坦普尔这个名字就这样伴随了她一生!

## 户外玩耍

从小,坦普尔就喜欢户外活动,要么放风筝,要么跑到树林里玩,要么做手工,一玩就是几个小时。

等她长大了些,暑假的时候就会到农场照顾马儿,给它们喂食,打扫马厩。

波士顿

坦普尔

快看!风筝飞起来啦!

## 坦普尔的爸爸妈妈

坦普尔的妈妈游苔莎既是一名演员，又是一位歌手。坦普尔的爸爸理查德是一位房地产经纪人，也是葛兰汀农场的继承人。她的外祖父是飞机自动驾驶仪的发明者之一。

## 最大的小麦农场

葛兰汀家族从19世纪起就开始种植小麦。坦普尔的曾祖父约翰·利文斯顿·葛兰汀和他的兄弟以利亚·毕晓普·葛兰汀、威廉·詹姆斯·葛兰汀在北达科他州建立了他们的农场，是当时美国最大的小麦农场。

# 与众不同的小孩

坦普尔的妈妈发现自己的孩子与别的孩子不一样：她行为怪异，很难学会说话。然而，小时候的坦普尔并没有被确诊为自闭症患儿，那个时候只有很少一部分人知道这种病。

坦普尔和妈妈

> 我觉得这个东西应该是这个。

## 有教育意义的游戏

父母为坦普尔请了一位保姆，她每天都会和保姆玩儿上几个小时。渐渐地，她学会了一些重要的社交能力，比如等待他人以及遵守先后秩序。

# 看医生

待坦普尔一岁以后，妈妈就带她去看了精神科医生。当时，很多医生都建议把像坦普尔这样的孩子送到特殊儿童治疗机构，但这位医生却推荐她去接受语言治疗。坦普尔家下定决心，要努力让坦普尔过上普通人的生活。因此坦普尔并没有被送走，而是留在了家中。

棒棒哒！

# 自闭症的症状

现在我们知道自闭症有很多不同的症状，每个人的表现不一样。常见的症状有：

· 很难学会说话
· 很难听懂别人说话
· 喜欢一个人玩儿，不爱和其他小朋友待在一起
· 与他人拥抱或身体接触时会产生不适
· 很难融入集体

有些自闭症儿童在音乐、艺术、数学或者视觉记忆方面有特殊的天赋。

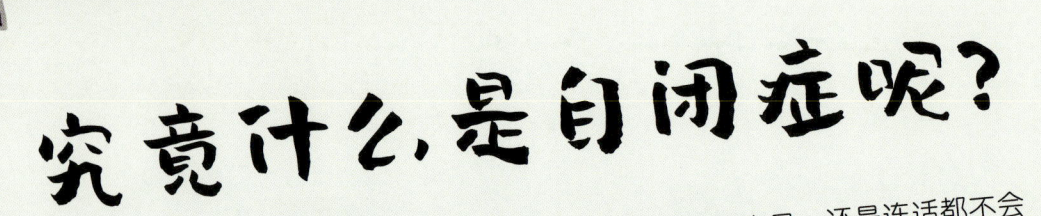

# 究竟什么是自闭症呢?

自闭症可能会困扰各种不同的人,无论是天才程序员,还是连话都不会说的人。自闭症常常从幼年时期开始出现,会造成学习和社交障碍。大概有三分之一的自闭症患者无法用语言交流,也就是说,他们从来不会开口说话。

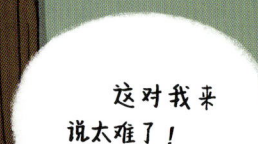

这对我来说太难了!

## 交流障碍

自闭症患者不只是在听和说上有障碍,也可能有其他形式的交流障碍,如难以准确把握音调和面部表情。

## 重复的刻板行为

自闭症患者喜欢刻板重复,反复做同样的事情,比如一直吃同一种食物,或者走同样的路线。

## 自闭症谱系

在医学上，某些疾病会表现出许多不同症状，同样的症状也有轻重之分，不同的症状及其轻重程度就形成了一个谱系。比如，有些人一辈子都很难学会开口说话，但也有像坦普尔一样的患者，只要有人教，他们就能像正常人一样开口说话。

## 遇见人生导师

在新学校里,坦普尔遇见了科学课老师威廉·卡洛克,他曾在美国国家航空航天局工作过。遇上卡洛克,对于坦普尔来说具有十分重要的意义,卡洛克的教学给她带来了深刻的影响。坦普尔后来曾提到,卡洛克特别注意到她身上的潜能,用她的方式与她交流,而不是试图改变她。

## 假期工作

学校放假的时候,坦普尔并没有闲着。她在家附近的社区里当起了小裁缝。

海狸乡村日校

## 拥挤的场所

坦普尔说她跟动物之间有很紧密的联系。她曾向人提到过,自闭症使她在喧闹拥挤的场所会感到焦虑,也会感受到威胁。动物也会有类似的感觉,尤其是屠宰场这种可怕的地方,因为它们的生命将在那里结束。

坦普尔·葛兰汀 著

# 动物与人

这本由坦普尔创作的畅销书,通过她的自闭症经历开创了一种新颖的视角,让人们了解到了动物的想法和感受。

## 动物需要什么

动物如何才能过得愉快呢?这是坦普尔在《动物与人》一书中提出的问题。她想要搞清楚通过哪些方式可以提高动物的幸福感,其中就包括充足的食物、自由的活动空间、免受伤害或病痛。同时,动物需要能够像在野外一样自由活动。

# 提升动物的生活质量

**坦**普尔投入了大量的时间来研究改善屠宰场,提升牲畜待遇。她想出了一些点子,可以减轻动物在屠宰场的压力和焦虑。

## 曲线装载溜槽

装载溜槽就像一个通向屠宰场的通道,走过这个通道牛儿就走向了死亡。正如坦普尔在研究中发现的那样,牛对周围的环境非常敏感,很容易感到压抑。坦普尔将溜槽设计为曲线型,这样牛就看不见前面的屠宰工具,因此大大缓解了它们的恐慌情绪。

牲畜入口
曲线装载溜槽
30°
曲线形可遮挡前面的屠宰设备

坦普尔还有不少创新

## 固定装置

坦普尔为肉牛屠宰设计了这一装置，可以根据动物体型调整大小。在运往屠宰点的过程中，这个设备可以让待屠宰的牛保持平静。在坦普尔的设计问世之前，这类装置设计得很粗糙，常常把牛挤得太紧。

## 评分系统

坦普尔设计了一个科学的评分系统，用于衡量动物在屠宰场受到的待遇好坏。这一评分系统让农场主可以更好地了解动物的感受，及时调整自己的做法，提高动物的生活质量。

## 坦普尔的公司

坦普尔成立了一家公司，名叫"葛兰汀牲畜设备公司"，专门负责为农场设计和生产相关设备。坦普尔的这些设计提升了动物的生活质量，现在她的产品已经被引进到了全美农场。

# 享誉全球

坦普尔深深地改变了人们对待牲畜的方式。她发明的屠宰装置照顾到了动物的感受，使屠宰场更加人性化。坦普尔的农业技术发明遍布世界各地。除此之外，她还协助培训了全球超过 200 家屠宰场的工人。

## 美国
北美大约一半的养牛场都在使用坦普尔的牲畜加工设备。

## 墨西哥
墨西哥开始使用坦普尔的曲线装载溜槽。

## 澳大利亚
在澳大利亚的部分地区，坦普尔的固定装置一直使用至今。

> 我的发明在全球都受欢迎！

## 获得多项奖励

由于她的出色工作,坦普尔荣获了很多奖项,包括世界动物卫生组织颁发的"改善动物福利杰出工作奖"。此外,她还当选为美国人文与科学院院士。

## 抗议者

## 不同的声音

很多动物权益保护者认为,到目前为止,肉类行业在打击虐待动物方面还做得远远不够。有的人认为根本不可能建成一个人性化的屠宰场。但坦普尔认为,如果她的想法能够得到落实,那么肉类产业是可以变得更人性化的。

# 人生时间轴

**1966** 坦普尔高中毕业。

**1947** 坦普尔出生。

**1963** 坦普尔开始发明拥抱机。

**1970** 坦普尔从新罕布什尔州的富兰克林·皮尔斯大学毕业,获得心理学学士学位。

**1962** 坦普尔受到了科学老师威廉·卡洛克的启发。

**1949** 坦普尔因为行为异常前去看医生。

**1975** 坦普尔从亚利桑那州立大学毕业,获得动物科学硕士学位。

## 2010
坦普尔的自传电影上映,并荣获艾美奖。

## 1995
坦普尔出版了另一本著作《用图像思考》,该书讲述了她是如何认识这个世界的。

## 1986
坦普尔写完《首现:被标签化的自闭症》,这是她的第一本著作。

## 1990
坦普尔成为科罗拉多州立大学动物科学教授。

## 1989
坦普尔在伊利诺伊大学获得动物科学博士学位。

## 2009
坦普尔创作了《动物与人》,这是她最畅销的作品。

## 2013
坦普尔创作了《天生不同:走进孤独症的世界》,里面讲述了自闭症和她的自身经历。

## 1992
坦普尔开始在麦当劳工作。

# WOMEN IN SCIENCE
## 杰出女科学家

人类历史上出现了不少女性科学家,"杰出女科学家"丛书以此为切入视角,选取多位世界知名的女性科学家,以绘本的形式讲述她们的人生故事。

《黑猩猩的守护者——珍·古道尔》是一本趣味十足的儿童科普绘本。书中讲述了女科学家珍·古道尔与黑猩猩结缘,投身科学研究并置身于野生动物保护工作的励志故事。珍从小就热爱动物,对非洲充满了向往。22岁时,珍第一次来到非洲,完成了自己想看野生动物的梦想。后来,珍在冈贝遇到了黑猩猩,这让她痴迷。她耐心地观察黑猩猩,并亲昵地为它们取名字,获得了很多重要的发现。2002年,珍·古道尔被任命为联合国和平使者。她的很多发现彻底改变了我们对黑猩猩的认识,她的故事激励着我们要为自己喜爱的事业去努力奋斗。

《黑猩猩的守护者——珍·古道尔》

《动物权益的推动者——坦普尔·葛兰汀》

《动物权益的推动者——坦普尔·葛兰汀》展现了杰出女科学家、自闭症患者坦普尔·葛兰汀与疾病顽强抗争并取得丰硕科学研究成果的一生。著名畜牧学学者、畅销书作家和动物行为研究专家坦普尔·葛兰汀生于波士顿,两岁时被诊断出患自闭症,直到四岁才开始说话,后经过不断努力,一路艰辛却骄傲地成长为一名对世界有巨大影响力的自闭症启蒙活动家与家畜权利保护学者。2010年时代周刊评选出了100位"全球最具影响力人物",坦普尔·葛兰汀位列第五位。

蕾切尔·卡逊既是科学家，也是作家，还是环保运动的先锋。她向那些不了解科学的普通大众传播了一些重要的科学知识。她的作品《寂静的春天》（Silent Spring）推动了美国乃至全世界环境保护事业的发展。本书内容包括"童年生活""当作家还是当科学家？""向海呐喊""畅销书作家"等十几个小节，以简单幽默的语言展现了蕾切尔·卡逊伟大的一生，她的成长故事、卓越成就和精神遗产，体现了她对人类生态环境保护的科学性、前瞻性、长远性思考，引导我们思考人与自然的关系，呼吁人们保护生态环境。

《环保运动先锋——蕾切尔·卡逊》

爱达·勒芙蕾丝，是英国著名诗人拜伦之女，数学家，计算机程序创始人，建立了循环和子程序的概念。她被称为"数字女王""第一位给计算机写程序的人"。绘本形象生动，画面饱满，色彩柔和又不失视觉冲击力，展现了爱达伟大的一生。她的成长故事、卓越成就和精神遗产，对我们增加科学知识、了解科技发展的历史、学习科学家对科学研究与创新的执着精神，有着良好的作用。

《计算机程序创始人——爱达·勒芙蕾丝》